AF266913

O o
1048.

PANÉGYRIQUE

DE

SAINT PIERRE CLAVER

APOTRE DES NOIRS

PRONONCÉ

Par Mgr FAVA, évêque de Grenoble

A L'OCCASION

d'un TRIDUUM célébré dans son église cathédrale

(24 novembre 1888)

GRENOBLE

BARATIER ET DARDELET, IMPRIMEURS DE L'ÉVÊCHÉ

4, Grande-Rue, 4

1888

CONFÉRENCE

SUR

L'ESCLAVAGE

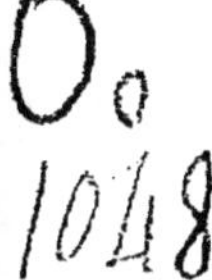

CONFÉRENCE SUR L'ESCLAVAGE

PANÉGYRIQUE

DE

SAINT PIERRE CLAVER

APOTRE DES NOIRS

PRONONCÉ

Par Mgr FAVA, évêque de Grenoble

A L'OCCASION

d'un TRIDUUM célébré dans son église cathédrale

(24 novembre 1888)

GRENOBLE

BARATIER ET DARDELET, IMPRIMEURS DE L'ÉVÊCHÉ

4, Grande-Rue, 4

1888

CONFÉRENCE
SUR L'ESCLAVAGE

PRONONCÉE

PAR Mgr FAVA, ÉVÊQUE DE GRENOBLE

A L'OCCASION

D'UN **TRIDUUM** CÉLÉBRÉ DANS SON ÉGLISE CATHÉDRALE

ET A PROPOS

Du Panégyrique de saint Pierre CLAVER, apôtre des Noirs.

MES FRÈRES,

Saint Pierre Claver, que je suis appelé à louer devant ce noble auditoire, appartient à l'illustre *Compagnie de Jésus*. Il naquit à Verdu, en Espagne, dans la principauté de Catalogne, en 1581, sous le règne de Philippe II et le pontificat de Sixte-Quint. Pierre Claver, son père, et Anna Sabacano, sa mère, étaient tous les deux issus de familles des plus distinguées du pays. Leur fils, Pierre, fut élevé par eux avec toute l'attention qu'inspire la piété chrétienne, et comme il était admirablement doué du côté de l'intelligence, il fit de rapides progrès dans l'étude des belles lettres et des sciences.

Avec la permission de ses parents, il entra chez les Jésuites, fit son noviciat à Tarragone, ses humanités à Girone, sa philosophie à Majorque, dans les Baléares; sa théologie à Barcelone, d'où il fut, à sa prière, envoyé dans les Indes occidentales, à Carthagène, ville bâtie par les Espagnols, en 1533, sur une île de sable, à l'entrée du golfe de Darrien, au fond du grand golfe du Mexique, dans l'Amérique centrale.

C'est dans cette ville que notre héros consuma sa longue existence, dans des travaux héroïques, qui en font un des antiesclavagistes les plus célèbres, qui aient paru dans le monde. Il signait : *Pierre Claver, esclave des Nègres pour toujours.*

Sa vie est tellement liée à la grande question de l'Esclavage, qui occupe de nos jours tout esprit sérieux, que je crois opportun, Mes Frères, à l'occasion de l'éloge de notre héros, de dire devant vous ce qu'il faut penser de l'Esclavage, avec l'espoir que cette trop rapide Conférence pourra jeter quelque lumière dans les esprits, amis ou ennemis de l'Eglise catholique.

I. — DE L'ESCLAVAGE.

Les origines de l'Esclavage semblent multiples; toutefois, il est facile de découvrir qu'elles sortent toutes de la même source, qui n'est autre, pour l'appeler par son nom, que le *Péché.*

C'est lui, Messieurs, que vous rencontrerez partout où votre regard attristé apercevra un de ces malheureux êtres humains qu'on appelle *Esclaves.*

Remontez par le souvenir le cours des siècles passés, jusqu'à ces peuples antiques qui couvraient la terre de leurs formidables armées, et passaient à travers les nations, pareilles à des fléaux dévastateurs. Les peuples vaincus se courbaient devant eux, se laissaient enchaîner; loin de la terre qui les avait vus naître, on les entraînait comme de vils troupeaux, pour être réduits en esclavage. Si quelqu'un, alors, se penchant vers ces infortunés, leur eût dit : Mais pourquoi donc êtes-vous, ici, privés de votre liberté et plongés dans la douleur, loin du ciel de votre patrie?

C'est l'orgueil d'un conquérant, auraient-ils répondu, qui nous enchaîne. Il a voulu dominer sur la terre : nous sommes les victimes de son ambition.

Aux enfants d'Israël, captifs à Babylone, pleurant et gémissant, oubliant leurs cantiques sacrés, si vous eussiez demandé la cause de leur cruelle captivité, ils vous eussent dit : Nous avons péché contre Dieu et sa loi; nous avons adoré des dieux étrangers, et le Seigneur, qui nous avait en vain menacés par la voix de ses prophètes, nous a punis. Oui, nous avons péché.

Mais remontons encore plus haut, jusqu'à cette scène mémorable où, pour la première fois, est prononcé ce triste mot : *Esclave!* et puis écoutons la voix de ce père outragé : Noë. Il punit Cham dans la personne de son fils : « Maudit soit Chanaan ! Il sera pour ses frères l'esclave de leurs esclaves. » (Ch. ix, 25) Cham avait manqué de respect envers son père; il avait péché.

Et si le voyageur, parcourant l'orient et l'occident,

s'étonne parfois de voir si souvent la femme traitée en esclave par l'homme, qui devrait l'aimer et la protéger, et qu'il en cherche la raison, ne se rappellera-t-il pas ces paroles du Seigneur à Eve : « Vous serez sous la puissance de votre mari, et il vous dominera. » (Gen., III, 16.) Eve avait péché. Elle avait porté Adam à désobéir aussi à Dieu.

Vous, mes Frères, qui avez lu l'histoire des temps anciens, vous savez, en effet, le triste sort fait à la femme chez les peuples païens, et même, jusqu'à un certain point, au sein du peuple juif. On ne lit pas sans stupéfaction ce que les annales racontent des mœurs éhontées des rois et des grands, de la dissolution des foules elles-mêmes. Aujourd'hui encore, allez chez les musulmans, et à ces femmes esclaves qui remplissent les harems, dites : Qui donc, ô malheureuses, vous enchaîne dans ce sérail ? La volupté d'un homme, vous répondent-elles.

Interrogez ces longues files d'esclaves des âges passés ou des temps modernes, dont nous parle l'histoire, dont nous écrivent nos missionnaires, et cherchez la cause de leurs malheurs; ils vous répondront : Nous sommes esclaves ; nous sommes les victimes de la cupidité de nos Chefs et de l'avarice des Blancs.

Oui, c'est la soif de l'or, autant que la volupté et l'orgueil, qui a enfanté l'esclavage.

Messieurs, s'il fallait pousser plus loin notre démonstration, nous vous inviterions à pénétrer avec nous dans quelqu'un de ces bagnes, où l'on voit chargés de chaînes tant d'infortunés de tout âge, de toute condition sociale, et si par votre attitude, vous

sembliez dire : Vous, ici! Ecoutez leur réponse :
Nous avons trop obéi à une malheureuse passion.

Ah! tous les esclaves ne sont pas au bagne et
n'habitent pas les pays brûlants de l'Afrique. Il en
est qui errent dans nos cités, qui vivent au sein de
nos familles, dont nous serrons la main... qui font
couler les larmes amères d'une épouse, d'une mère,
de toute une famille, et à qui nous disons : « Mon
Frère, ne vous arrêterez-vous pas dans cette voie? et
qui répondent : Je ne puis vaincre cette habitude.
Ainsi parlait Augustin, jeune encore, enchaîné par la
volupté. Et que de personnes, Messieurs, devraient
tenir le même langage, si on les interrogeait!

Nous avons donc le droit de conclure que si l'esclavage moral et physique affecte diverses formes,
toujours il est fils du péché.

Donc, encore, qui veut détruire l'esclavage, doit
travailler à neutraliser la triple concupiscence, qui
enfante tous les vices, c'est-à-dire : l'orgueil de l'esprit, la volupté de la chair, la cupidité des yeux ou
l'avarice. Là est la source du mal ; là il faut porter le
remède. Mais où est le médecin assez habile, assez
généreux, assez puissant, pour s'attaquer à ces maladies, qui ont pénétré jusque dans les entrailles de
l'humanité, et qui coulent dans nos veines avec notre
sang? Qui va guérir ce grand lépreux, le genre hu-
main?

Les Philosophes?

En Egypte, il y avait des sages, et l'on sait de
quelle manière ils traitaient les Hébreux réduits au
plus cruel esclavage, jusqu'à être condamnés, parce

qu'ils se multipliaient trop au gré de leurs maîtres, d'exposer, ou plutôt de jeter leurs enfants au Nil.

En Grèce aussi, il y avait des philosophes : les Socrate, les Platon, les Aristote et d'autres. Eh bien ! dans les constitutions et les lois qu'ils imaginent pour leurs républiques idéales, il n'y a pas un mot, pas un seul mot contre l'esclavage ; Aristote fait des syllogismes pour prouver que l'esclavage n'est pas contre le droit naturel ; Platon, vendu comme esclave lui-même, n'a rien à objecter ; des philosophes monteront sur le trône et n'auront pas un regard de pitié pour leur peuple enchaîné.

A Athènes, la ville la plus policée du monde, il y avait quatre cent mille esclaves et trente mille citoyens libres.

A Sparte, les ilotes formaient une catégorie d'hommes voués à l'esclavage. Ils étaient traités d'une façon cruelle, inhumaine.

Que dirons-nous de Rome, qui avait donné des chaînes au monde entier ? Là aussi il y avait des philosophes, et cependant l'esclavage était partout. Quelle voix s'élevait au forum pour le flétrir ? Celle de Cicéron ? Non, ce grand orateur n'a pas prononcé un mot pour le condamner. Caton dit que l'on doit vendre le vieil esclave comme le vieux fer. Virgile n'a pas un pleur à verser sur les multitudes enchaînées. Horace a des louanges pour Pollion qui engraissait ses murênes avec des esclaves vivants, et Martial trouve heureuse l'esclave, qui reçoit de sa maîtresse en colère un coup d'aiguille au sein, tandis qu'elle l'aide à sa toilette.

Voilà le monde païen dans ce qu'il avait de plus civilisé. Qu'était-ce ailleurs ?

De sorte que les philosophes soumis eux-mêmes à l'empire de leurs passions, n'avaient aucun remède efficace, ni pour s'en guérir, ni pour en guérir leurs semblables.

Jésus-Christ.

Parut alors un homme qui disait aux foules : « Venez tous à moi, vous qui souffrez et qui portez des fardeaux, et je vous referai : *Et ego reficiam vos.* » (Matth., XI, 28.)

Oui, l'orgueil vous tyrannise ; la luxure vous corrompt ; l'avarice vous dessèche le cœur et vous rend cruels, venez, je vous rendrai doux et humbles de cœur comme moi ; chastes, et amis de la pauvreté, jusqu'au sein de la fortune ; secourables aux malheureux, serviteurs de vos esclaves, que vous regarderez désormais comme vos frères, et que vous traiterez comme tels.

Ah ! Messieurs, l'âme humaine est semblable à ces choses délicates que l'inventeur seul peut refaire, quand elles sont défaites : il n'y a que le Créateur lui-même qui soit capable de toucher à notre âme et de la refaire. Qui ose le nier ?

C'est pourquoi, cet homme merveilleux, qui parlait ainsi et qui faisait ce qu'il disait, n'était pas seulement un homme, c'était l'*Homme-Dieu*, Notre-Seigneur Jésus-Christ.

Entrant à Jéricho, il disait à Zachée monté sur son sycomore : Zachée, descendez, ce soir j'irai m'asseoir à votre table. Il y allait, et soudain l'avarice était vaincue. L'hôte converti réparait toutes ses rapines, et donnait au-delà. Avec quelle énergie Jésus flétrissait la cupidité, renversant dans le temple, les tables des changeurs, qu'il fouettait hardiment pour leur ouvrir les yeux.

Il guérissait Magdeleine, que la volupté enchaînait; la pauvre esclave se relevait libre, des pieds de Jésus; tous ses liens étaient brisés.

Il n'y avait pas jusqu'à ses apôtres qui ne fussent esclaves de l'ambition. Il les en guérissait peu à peu, jusqu'au jour où ils devinrent eux-mêmes des modèles d'humilité.

Sur le chemin de Damas, plus tard, il renversait à terre, Saul, l'orgueilleux sectaire, et Saul converti disait : Seigneur, que voulez-vous que je fasse?

Voilà, Messieurs, le grand antiesclavagiste, le divin ami de la liberté, dont le regard lisait à découvert dans l'essence des choses; dont la sagesse n'avait pas besoin de chercher les causes, par l'étude des effets. Il était lui-même la Vérité, et il disait aux Juifs : « *Veritas liberabit vos*; la vérité vous délivrera, si vous écoutez ma parole. » (Jean, VIII, 24.)

C'est-à-dire si vous acceptez ma doctrine, si vous la pratiquez parfaitement, vous l'aimerez, et alors vous serez délivrés de l'esclavage de vos passions, à l'abri du péché. Car, ajoutait-il : « Quiconque commet le péché est esclave du péché : *Omnis qui facit peccatum servus est peccati.* » (VIII, 34.)

Du péché, nul ne peut vous guérir, si ce n'est moi. « Si le Fils vous délivre, vous serez vraiment libres :

Si ergo vos Filius liberaverit, vere liberi eritis. »
(*Ibid.* 52.)

Il fallait le Fils de Dieu pour tenir pareil langage, et jamais homme n'aurait inventé une telle audace. Dire, en effet, à l'humanité : Si je vous affranchis de vos passions, si je vous élève au-dessus de vous-même, si je vous rends maître des penchants qui vous entraînent au péché, avec la fureur des torrents, vous serez vraiment libre : c'est parler en Dieu.

C'est avec cette autorité qu'il dit à la fin, s'adressant à ses apôtres : Allez et enseignez toutes les nations ; baptisez-les au nom du Père, et du Fils, et du Saint-Esprit, et apprenez-leur à observer tout ce que je vous ai commandé. » (Matth., xviii, 20.)

Messieurs, considérez bien ces paroles, elles prononcent l'abolition de l'esclavage, de tout esclavage moral et physique.

Enseignez à toutes les nations la vérité : la vérité vous assurera la liberté, tandis que l'erreur la tue, en entraînant au vice, à la triple concupiscence, qui fait les esclaves.

Baptisez-les au nom du Père qui vous a créés ; au nom du Fils qui vous a délivrés de l'esclavage de Satan, votre tentateur et votre vainqueur ; au nom du Saint-Esprit, qui vous sanctifie.

D'un seul mot : *Fiat !* Dieu a créé les mondes ; avec une goutte d'eau, il purifie les âmes et les rend libres.

Apprenez-leur à observer tout ce que je vous ai commandé : la Religion impose des obligations, celle de croire et celle de pratiquer ce que l'on croit. Le chrétien n'a pas à choisir les points de la loi qui lui plaisent, pour s'y soumettre, en rejetant les autres; non, il doit tout admettre, et faire tout ce qui lui est commandé. Rien n'est inutile dans l'œuvre de Jésus-Christ, et si quelqu'un néglige, par exemple, de recourir aux sacrements, remèdes divins institués par le Sauveur pour nous *refaire*, il demeure orgueilleux, impudique et cupide, non seulement par nature, mais aussi en fait. Car Dieu résiste aux superbes, tandis qu'il donne sa grâce aux esprits humbles et soumis. (Jacob, 4, 6.)

A peine ces paroles étaient tombées des lèvres de Jésus-Christ, qu'elles retentissaient dans tout l'univers, par le ministère des Apôtres, et l'arbre de la liberté, qui est la Croix, était planté en tous lieux. A son ombre tutélaire, l'esclave venait se reposer, s'instruire; et il se relevait libre.

Onésime, esclave de Philémon, s'était enfui et réfugié auprès de saint Paul, prisonnier à Rome. L'Apôtre l'instruisit, le baptisa, et le renvoya à son ami Philémon, en le priant de l'affranchir.

« Pouvant avec une pleine assurance, écrit-il à Philémon, t'ordonner de le faire dans le Christ Jésus, j'aime mieux employer la prière de l'affection... reçois-le comme mes entrailles... non plus comme un esclave, mais au lieu d'un esclave, comme un frère bien-aimé. » *(Epître à Philémon.)*

Vous l'entendez : saint Paul affirme qu'il aurait pu, au nom de Jésus-Christ, commander à Philémon de rendre la liberté à Onésime; non, il préfère lui adresser la prière de le faire, de lui-même.

Le grand Apôtre écrivait alors aux Galates : « Vous tous qui avez été baptisés en Jésus-Christ, vous êtes revêtus de Jésus-Christ, si bien qu'il n'y a plus de Juif, ni de Grec, ni d'esclave, ni de libre, ni d'homme, ni de femme : vous êtes tous un en Jésus-Christ. » (III-27.)

Quelle parole étrange, *Un en Jésus-Christ !* Ah ! si nous comprenions tous ce cri d'amour divin, inspiré à saint Paul, et que nous fussions tous unis à Jésus-Christ, notre Chef spirituel, comme les membres d'un même corps sont liés à la tête, que l'humanité serait sainte, belle et heureuse ! Qu'elle serait libre !

Aussi, hâtons-nous de le remarquer, l'esclavage peu à peu a disparu des pays où a fleuri le christianisme. Je dis peu à peu, car la sagesse de Jésus-Christ ne ressemble pas à celle des législateurs humains, qui ne voient que le dehors ; Jésus-Christ a voulu tarir la source de l'esclavage, avant tout, c'est-à-dire l'orgueil, la volupté et l'avarice, par l'instruction et la pratique religieuse ; sachant que, les âmes une fois libres, les corps le deviendraient bien vite, au souffle de l'Esprit d'amour, dont il est écrit : « Le Seigneur est Esprit, et où l'Esprit du Seigneur habite, là est la liberté. » (II, Cor., III, 17.)

Jésus-Christ a aboli la guerre, ainsi que l'esclavage, non par un décret officiel, mais en rendant la liberté aux âmes, et en commandant à ceux qui se feraient chrétiens d'aimer le prochain comme eux-mêmes ; et comme il les avait aimés. Il a dit : « Je vous donne un commandement nouveau, c'est que vous vous aimiez les uns les autres ; que, comme je vous ai aimés, vous vous aimiez mutuellement. » (Jean, XIII, 34.)

Et à quel moment Jésus-Christ prononçait-il ces paroles ? Après avoir lavé les pieds à ses apôtres, dans l'attitude d'un serviteur et d'un esclave, leur disant : « Savez-vous ce que je viens de faire ? Vous m'appelez Maître et Seigneur, et vous avez raison, car je le suis. Si donc je vous ai lavé les pieds, Moi, Seigneur et Maître, vous devez, vous aussi, vous laver les pieds les uns aux autres : car je vous ai donné l'exemple, afin que, comme je vous ai fait, vous fassiez aussi vous-mêmes... Si vous savez ces choses, vous serez bien heureux, si vous les pratiquez. » (Jean, XIII. 12.)

Quand on dit : Pourquoi Jésus-Christ n'a-t-il pas aboli l'esclavage par un décret absolu ? On oublie que Notre-Seigneur n'était pas encore reconnu comme Fils de Dieu, ni par les Juifs, ni par les Romains, puisqu'ils l'ont crucifié, pour avoir affirmé sa filiation divine. Et puis, troubler l'ordre social qui existait alors ; armer les esclaves, vingt fois plus nombreux que les maîtres, était-ce sage et juste ? Etait-ce, en outre, le moyen de convertir la société juive et romaine, à sa doctrine ?

On objecte encore : Comment a-t-on vu les peuples chrétiens maintenir l'esclavage ? La réponse est facile. C'est parce que ces peuples n'étaient pas assez chrétiens. S'ils avaient observé et pratiqué *tout ce que Jésus-Christ leur commandait;* tout ce que l'Eglise leur rappelait ; tout ce que les Pontifes romains n'ont cessé d'enseigner dans leurs Encycliques, jusqu'à Léon XIII, notre Père et Seigneur, jamais il n'y aurait eu d'esclaves parmi eux.

S'il vous plaît d'accuser les chrétiens de s'être, eux aussi, laissé vaincre par l'orgueil, la volupté et l'avarice, faites-le; mais ne rejetez pas sur Jésus-Christ et son Eglise, leurs fautes et leurs cruautés, contre leurs malheureux esclaves.

Voulez-vous savoir comment les Saints, les Pères de l'Eglise, nourris de la doctrine du Sauveur prêchée par les Apôtres, parlaient? Ecoutez saint Grégoire de Nysse.

Commentant ces paroles de l'Ecriture : « *J'ai possédé des serviteurs et des servantes. Possédé*, dites-vous? Mais quel autre en est le possesseur que Dieu : de quel droit? Ces hommes que vous dites vous appartenir, Dieu ne les avait-il pas faits libres! Commandez aux animaux brutes; à la bonne heure. Ne dégradez pas l'image de Dieu; soumettez à votre empire les bœufs des campagnes; faites en vos esclaves : mais les hommes sont-ils de vils troupeaux, pour être mis à l'encan? Et à quel prix? En est-il qui puisse payer un être créé à l'image d'un Dieu? Le monde tout entier lui-même est sans nulle proportion avec la dignité de cette àme. »

Ecoutez saint Jean-Chrysostôme : « On me demandera si la servitude est dans la nature, et comment elle s'est introduite dans la société : question en effet curieuse, et qui se produit fréquemment dans les conversations. Je réponds sans hésiter qu'elle a pris naissance dans l'avarice, dans l'amour du gain, qui ne dit jamais : C'est assez... L'origine de la servitude, c'est dans le péché qu'il faut la chercher... Dieu, le Père commun de tous les hommes, l'a permis pour venger l'iniquité commise contre lui-même. » (Hom. XXII.)

Ecoutez enfin saint Augustin : « Voilà ce que demande l'ordre naturel, dit-il, et voilà aussi la condition où Dieu a créé l'homme : « Qu'il domine sur les poissons de la mer, sur les oiseaux du ciel et sur tous les animaux de la terre. » Après avoir créé l'homme raisonnable et l'avoir fait à son image, il n'a pas voulu qu'il dominât sur les hommes, mais sur les bêtes. C'est pourquoi les premiers justes ont été plutôt bergers que rois, Dieu voulant par là nous apprendre l'ordre de la nature, qui a été renversé par le désordre du péché... » (*Cité de Dieu*, liv. XIX, c. XV.)

O Dieu ! que votre règne arrive ! Voilà le cri de nos âmes. Il répond à cette parole de saint Paul, parlant du Christ Jésus : *Oportet illum regnare* : Il faut qu'il règne.

Oui, il doit régner par droit de naissance éternelle, dans le sein de son Père. N'est-il pas le Verbe divin chanté par saint Jean : « Au commencement le Verbe était, et le Verbe était en Dieu, et le Verbe était Dieu ?

Il doit régner par droit de conquête, puisqu'il nous a rachetés au prix de son sang, versé sur la Croix.

Il doit régner pour qu'avec lui règne la liberté, dans les âmes, dans les familles, dans les sociétés, chez toutes les nations de la terre.

Il doit régner pour que le vice soit vaincu et que la vertu triomphe.

Il doit régner pour que l'Eglise soit à jamais l'institutrice des peuples, et que la froide nuit du paganisme ne vienne pas envelopper l'Europe, comme il est arrivé à l'Afrique, dont nous avons à parler maintenant, afin que l'on comprenne mieux la mission de saint Pierre Claver, apôtre des noirs africains.

L'AFRIQUE

L'Afrique, cette vaste région si pleine de mystères pour la science du monde ancien et du monde moderne, s'était éveillée à la voix de l'Enfant-Dieu, porté en Egypte par Joseph et Marie. La parole des Apôtres y avait retenti ; saint Marc, envoyé par Pierre, avait fondé une Eglise florissante à Alexandrie, illustre par son Ecole ; la Thébaïde s'était peuplée de solitaires ; partout les Eglises se fondaient et réunissaient autour d'elles de nombreuses chrétientés ; l'Ethiopie s'ouvrait à la foi ; de toutes parts, le christianisme se répandait en portant en tous lieux sa lumière et sa vertu. Tertullien fait la gloire de l'Afrique du Nord, au second siècle ; saint Cyprien, au troisième ; saint Augustin, au quatrième, tandis qu'en même temps saint Athanase, le grand docteur et magnanime athlète du Christ, jette un éclat incomparable sur l'Eglise d'Alexandrie. De nombreux évêchés se créent, et des conciles, qui se tiennent, réunissent jusqu'à cent-vingt évêques.

Hélas ! cette ferveur dans la foi ne devait pas durer longtemps : le péché, qui attire sur les peuples comme sur les individus, les coups de la justice divine ; le péché qui fait les esclaves, souillait déjà cette terre d'Afrique, arrosée de tant de grâce et aussi du sang de tant de généreux martyrs.

De son lit de mort, à Hippone, assiégée par les Vandales Ariens, Augustin voyait les maux de son peuple, et apercevait les longs malheurs qui allaient fondre sur l'Afrique entière. Il mourut, et l'on a pu dire que l'Afrique civilisée, l'Afrique chrétienne, était morte avec lui.

Genséric, avec ses quatre-vingt mille soldats, était là, parcourant le pays le fer à la main. Jamais invasion ne fit couler tant de sang, et ne couvrit la terre de tant de ruines. L'Afrique, qui était par sa fertilité, le grenier du monde ; dont les villes opulentes et nombreuses attiraient à elles le commerce de toutes parts ; cette contrée, qui semblait être le centre de la vie des nations, tout à coup, sous l'épée des barbares, perdit toute sa gloire, toute sa fortune, et fut réduite à la plus extrême misère. On ne voyait de toutes parts que des évêques, des prêtres, des vierges consacrées à Dieu ; des familles entières, des multitudes chargées de chaînes, conduites à la mort, après avoir subi les plus cruels tourments. Rien n'était épargné ; ni femmes, ni enfants, ni les personnages les plus considérables. Les Vandales eux-mêmes, dans leur fureur insensée, disaient qu'ils se sentaient mus comme par une force intérieure.

C'est qu'à part un petit nombre de chrétiens demeurés fidèles, l'Afrique n'était plus qu'un vaste foyer d'impudicité, une vraie Sodome, sur laquelle tombait, non plus le fléau du feu, mais celui de la guerre.

Le Vandale commença la ruine morale et matérielle de cette belle contrée; le Musulman vint ensuite l'achever. L'esclavage, que le Coran de Mahomet autorise, et dont les musulmans usent et abusent pour assouvir leurs passions sans frein, recommença à fleurir sur les ruines du christianisme et de la vertu, dans cette grande région. Pendant de longs siècles, elle demeura ensevelie dans l'erreur et le vice. Ni les efforts des Papes, ni l'éclair qu'y jeta la sainteté de saint Louis, à la tête de ses croisés; ni les dévouements nombreux suscités en faveur de l'Afrique par l'Esprit de Dieu, chez les diverses nations, rien ne put l'arracher à cet état lamentable où l'avaient réduite ses vices et ses crimes.

Elle en était encore là, au xvie siècle, quand naquit Pierre Claver, le grand apôtre des Noirs africains.

SAINT PIERRE CLAVER

CARTHAGÈNE

Nous avons vu comment, à l'âge d'environ trente ans, il arriva à Carthagène, où après avoir été ordonné prêtre par l'évêque de cette ville, il se mit à l'œuvre, avec un zèle surhumain.

Carthagène était immensément riche et fort peuplée, lorsque notre héros y arriva, en 1610. Le séjour qu'on y faisait devenait vite insupportable aux européens, par son extrême chaleur.

Voisine de l'équateur, et toute proche des côtes malsaines de la Colombie, elle devenait, à certaines époques, un foyer de chaleurs brûlantes et aussi de fièvres et de pestes, tandis qu'à d'autres moments, et presque sans transition, elle se transformait en glacière, quand le vent du Nord y soufflait.

Ajoutez que, par sa position géographique, Carthagène est souvent ravagée par ces terribles cyclones des Tropiques, qui brisent et ravagent tout sur leur passage, en jetant sur la terre des torrents de pluie, qui entretiennent dans les demeures une humidité perpétuelle.

Voilà le milieu où vécut Pierre Claver, pendant quarante-trois ans, se livrant jour et nuit aux travaux les plus pénibles, les plus repoussants, et humainement, les plus capables de déconcerter les plus fiers courages.

Mais, dira-t-on, qui peut donc déterminer des européens, des blancs, à aller habiter un tel pays, une ville pareille, qui devait dévorer ses habitants ?

Deux amours surtout : pour Pierre Claver et ses généreux compagnons, l'amour de Jésus-Christ ; et pour les trafiquants, l'amour de l'argent.

Toutes les richesses du nouveau monde affluaient à Carthagène. C'était l'entrepôt général des marchandises transportées du Mexique, de Potosi et de tous les pays environnants.

Il fallait naturellement des bras pour remuer et transporter tous ces fardeaux. On en demandait à la côte occidentale d'Afrique, qui porte encore le nom de : *Côte des esclaves*. Soit par leur naissance, car tout enfant né d'une mère esclave est esclave lui-même, et appartient à son propriétaire, comme un animal né dans ses étables ; soit par les hasards de la guerre, esclaves, ils étaient vendus par leurs maîtres à des marchands, jetés pêle-mêle, hommes, femmes, enfants, dans le pont ou la cale d'un navire, presque nus, n'y recevant que peu et de mauvaise nourriture, souvent de mauvais traitements ; ils arrivaient ainsi, s'ils ne mouraient pas en route et s'ils n'étaient pas jetés à la mer, au lieu de leur destination.

Voilà la nouvelle famille du fils de Claver, noble seigneur espagnol, et de l'illustre Anna Sabacano. Il veillait sur elle avec l'amour d'un père, avec la tendresse d'une mère ; disons mieux : avec l'ardeur d'un amant passionné de Jésus-Christ, dont il se faisait l'esclave d'amour pour sauver les esclaves vendus par l'avarice des noirs et achetés par l'avarice des blancs. Sans cesse notre apôtre des noirs entendait retentir au fond de son cœur cette parole du Christ Jésus : *Ce nègre, c'est moi !* Et aussitôt Pierre ouvrait ses bras à ces malheureux, il les couvrait des témoignages de son ardente amitié ; il baisait leurs plaies, les soignait comme une mère son enfant; leur offrait les aliments dont ils étaient avides ; les friandises qu'il pouvait se procurer, des vêtements pour couvrir leur nudité ; et puis quand il les voyait heureux, par lui-même, ou par ses interprètes, il commençait à leur parler de Dieu et à les instruire pour les préparer au baptême. Ne pouvant leur rendre la liberté du corps, il travaillait du moins à leur assurer celle de l'âme.

Que devaient penser ces pauvres esclaves, en voyant l'ineffable sourire de ce jeune homme, de ce jeune blanc, qui les regardait avec une bonté céleste ? Eux qui n'avaient peut-être jamais trouvé devant leurs yeux un visage souriant, qui n'avaient peut-être pas même connu leur mère, ayant été vendus en bas âge, que devaient-ils penser de ce spectacle inconnu ? Ah ! sans doute cette vision s'imprimait dans leur âme, et plus tard, quand le prêtre leur parlait de la bonté de Jésus sauveur, ils la comprenaient, en se souvenant de celle qui les avait accueillis au port de Carthagène, et la Religion chrétienne leur apparaissait telle qu'une mère aimante et dévouée.

Il faut avoir vu ces noirs, ces natures primitives, qui n'ont connu de la vie que la souffrance, sous ses mille formes, pour savoir jusqu'à quel point ils sont sensibles à la bonté, quand pour la première fois ils la rencontrent. Avec quelle ardeur ils s'attachent à vous, prêts à vous suivre jusqu'au sein des dangers, au milieu des tempêtes, et jusqu'à la mort.

Pierre Claver ne se contentait pas de les avoir bien accueillis, il les suivait chez leurs maîtres, en ville, à la campagne, partout, continuant à leur prodiguer ses soins, ses témoignages d'affection, surtout ses instructions. Quand ils étaient assez instruits, il les baptisait, puis il les préparait à leur première communion.

Non, mes Frères, ce ne sont pas les courses, les visites aux malades, et le jour et la nuit, qui fatiguent, le grand labeur du missionnaire, c'est de faire arriver la vérité religieuse jusqu'à ces intelligences, qui ne sont ouvertes qu'aux choses sensibles. Là est le travail le plus pénible des missions; mais aussi là est le grand but qu'elles poursuivent, puisque l'on n'aime pas ce que l'on ne connaît pas ; pour aimer Dieu, il faut donc le connaître. La vérité est un pain que le blanc, comme le noir, ne mange qu'à la sueur de son front; le noir surtout.

Notre jeune apôtre était déjà en plein travail, lorsque vint le Père de Sandoval, Jésuite aussi, envoyé par ses supérieurs pour évangéliser Carthagène.

Alphonse de Sandoval appartenait à une des plus grandes familles de Tolède. Il avait été au Pérou, comme missionnaire, et là, il s'était montré ouvrier aussi intelligent que dévoué, passant en faisant le bien partout, comme son divin Maître. Ses talents et sa haute vertu avaient fait songer à lui pour Carthagène. A peine y était-il arrivé, qu'il conçut de son jeune compagnon, Pierre Claver, la plus profonde estime. L'élève, en effet, allait dépasser le maître. Alphonse le comprit, et laissant à son ami son champ de labeur, il alla évangéliser, à quelque distance de là, des pays qui réclamaient un missionnaire. Quand il eut longtemps travaillé, il revint, fatigué, mourir à Carthagène, auprès de son frère, Pierre Claver. La peste, les maladies de tout genre y sévissaient ; de sorte que tous les Pères de la Compagnie devaient courir auprès des malades, et Alphonse de Sandoval restait seul sur son grabat, en proie à d'extrêmes douleurs. Le regard au ciel, le crucifix collé sur ses lèvres, calme et heureux, il ne cessait de dire et de redire : *Dieu soit loué ! Dieu soit loué !*

Que c'est beau, mes Frères, de pouvoir contempler ces grands hommes, ces grands saints, qui ont occupé souvent, en Europe, dans l'Institut, des positions élevées, des chaires de rhétorique, de philosophie, de théologie ; qui ont brillé par leurs talents dans les sociétés les plus recherchées, et qui s'en viennent, un jour, dans les pays sauvages ! Ils ont demandé à finir leurs jours dans l'inconnu, sur quelque rivage ignoré, dans une île perdue de l'Océan. Là, ces hommes de génie commencent à bégayer la langue du nègre, ils l'apprennent, ils instruisent ces pauvres peuplades, parcourant leurs forêts, leurs savanes, gravissant les montagnes, et puis, dans la hutte où ils arrivent, ils soignent, confessent, administrent quelque sauvage mourant, jusqu'au jour où, au lever du soleil, on entrera dans leur case en paille, ne les voyant point sortir ; on les trouvera sans vie, glacés déjà par le froid de la mort. J'en ai connu plus d'un, mes Frères ; j'en ai vu plusieurs de ces nobles apôtres vivre et mourir ainsi. Honneur à leur mémoire ! Pardon à ceux qui, en Europe, insultent à leurs frères en religion !

Quarante-trois ans d'un tel labeur et d'un tel dévouement, voilà la vie de Pierre Claver ! Il était appelé dans Carthagène le Père des noirs ; il apparaissait tel qu'un ange envoyé du ciel. Les grands le connaissaient bien ; car il allait mendier sans cesse auprès d'eux en faveur de ses chers protégés, et ainsi il les instruisait et les aidait à réparer leurs injustices envers leurs esclaves. Il était connu des enfants, riches et pauvres, auxquels il parlait de Dieu et de l'obéissance ; il était surtout connu des pauvres et des malheureux, dont il était le consolateur.

Les personnes de la haute société recouraient à ses sages conseils, mais, s'il les recevait au confessionnal, c'était à la condition que les noirs et les négresses passeraient avant elles : il se devait avant tout aux esclaves.

Les hôpitaux, les léproseries le voyaient passer et repasser, chargé d'aliments et de cadeaux qu'il portait lui-même, autant qu'il en pouvait prendre. Il succombait sous l'étreinte de la fièvre, sous le poids de sa charge ; n'importe, il allait joyeux et toujours le sourire sur les lèvres.

Il faudrait, pour raconter l'existence si remplie de Pierre Claver, autant d'années qu'ont duré sa vie apostolique et ses travaux. Elle abonde en traits héroïques, en actes merveilleux, en miracles. Il lisait dans les âmes, et la nature souvent lui était soumise : c'est qu'il vivait cœur à cœur avec Dieu, et l'Hôte divin de nos tabernacles lui faisait entendre ces paroles qu'il adressait lui-même à son Père : « Tout ce qui est à moi est à toi ; et tout ce qui est mien est tien. » (Jean, xvii, 10.)

Cette union du fils avec son Père et Sauveur allait se fortifiant toujours. Le corps de l'apôtre, cependant, se penchait vers la terre, tandis que son âme de plus en plus s'élevait vers le ciel, par toutes ses aspirations.

Il y avait plus de quarante ans que notre admirable apôtre évangélisait Carthagène, lorsqu'un jour il entreprit d'aller prêcher Jésus-Christ sur la côte voisine. Il poussa jusqu'à Uraba, dont les habitants, d'une féroce nature, n'avaient jamais voulu entendre parler de Dieu. Il y tomba malade et fut obligé de revenir sur ses pas. Il rentra dans Carthagène où la peste sévissait avec violence,

Après avoir ravagé la Havane, Porto-Rico, Vera-Cruz, elle passait au fond du golfe comme un fléau vengeur. Pierre Claver en fut atteint, mais il en guérit, quoique imparfaitement. Dès lors il ne fit plus que se traîner; cependant il confessait encore. Dieu achevait de le sanctifier dans la douleur. Plusieurs Pères de la Compagnie avaient succombé, plusieurs frères aussi. Ceux que le fléau avait épargnés étaient sans cesse appelés auprès des malades, et le père Claver n'avait pour le soigner qu'un jeune nègre, sans expérience et incapable d'attentions. Loin de se plaindre, il bénissait Dieu. Comme son héroïque ami le P. de Sandoval, il passait de longues heures, seul, en répétant ces grandes paroles : *Dieu soit loué! Dieu soit loué!* s'estimant heureux de ressembler à son divin Maître brûlé de soif sur sa croix.

Ce saint vieillard eut une consolation avant de mourir, ce fut de recevoir la vie d'Alphonse Rodri-

guez, son père et son ami. Il la pressa sur son cœur.
Il s'était nourri, durant tout son apostolat, du souvenir et des maximes de ce grand serviteur de Dieu. Il
aspirait à le revoir au ciel.

Comme les héros aiment à terminer leur carrière
par un coup d'éclat, on dirait que l'esprit de Dieu
voulut qu'il en fut ainsi de Pierre Claver. Moribond, il
se fit hisser sur un cheval pour aller faire ses adieux
à ses chers lépreux. A peine il sortait, que le cheval
prit mors aux dents, et l'emporta à travers la ville et
la campagne... le bon vieillard eut l'avantage d'arriver
plus vite auprès de ses lépreux... Il descendit de
cheval calme et souriant.

De retour au couvent, il dut se coucher. Il se pré-
para à la mort. Il reçut l'extrême-onction, le saint
viatique... Son visage exprimait un doux et saint ra-
vissement... jusqu'à l'instant où il rendit sa belle âme
à Dieu... Un calme céleste se peignit alors sur sa
figure... Il avait 69 ans... Il était en religion depuis
53 ans.

Tandis qu'il agonisait, les enfants couraient dans
les rues de Cartagène en criant : *le saint se meurt !
le saint se meurt !* et ils venaient par groupes le contempler... les noirs se mêlaient à eux, pleurant et
jetant des cris à fendre l'âme... la foule éplorée ac-
courait de toutes parts... un parfum céleste s'exhalait
du corps du défunt. Dès qu'on l'eut revêtu de ses ha-
bits sacerdotaux et exposé, chacun se jeta à genoux.
On ne priait pas pour lui, mais on l'invoquait. Sa cham-
bre fut mise au pillage. On lui eut coupé les doigts
des mains et des pieds, si on l'avait permis.

Le peuple canonisait à sa manière son bien-aimé Père, préludant ainsi au jugement de l'Eglise. Après 244 ans, Léon XIII a ratifié le jugement porté par le peuple de Carthagène, le 8 septembre 1654, jour où mourut notre héros, apôtre des Noirs.

DE L'AFRIQUE MODERNE

Pierre Claver avait été, pendant sa vie, le père et le sauveur des pauvres noirs, des malheureux esclaves. Il en avait baptisé de sa main, environ trois cent mille, après les avoir instruits; aussi fut-il digne d'être appelé *le François-Xavier des Indes occidentales.*

Il mourut, sans avoir obtenu de ses supérieurs la permission d'aller évangéliser ses chers Noirs, chez eux. Nous pouvons bien penser qu'au ciel, il pria pour ce pays infortuné, qui se trouve aux portes de l'Europe, sans avoir jamais été de sa part l'objet d'une réelle attention. Les rois de France, de Portugal et d'Espagne avaient essayé, il est vrai, plus d'une fois, de pénétrer et de s'établir dans l'Afrique septentrionale; mais ils trouvaient dans les Etats barbaresques les descendants des Maures, qui avaient fait trembler autrefois l'Europe, et poussé l'audace jusqu'à prétendre en faire la conquête.

Si les rois s'arrêtaient devant les fils de Mahomet, nos missionnaires les affrontaient hardiment, et l'on voyait diverses familles religieuses, au XVIIe siècle et au xviiie, aborder aux rivages inhospitaliers de cet immense continent ; y pénétrer au péril de leur vie. Il serait intéressant de raconter ici leurs travaux, souvent leur martyre ; mais le récit en serait trop long.

Pour l'honneur de la France, disons cependant que saint Vincent de Paul, fait esclave par les pirates, avait été conduit par eux en Barbarie, comme.si la Providence avait voulu l'intéresser personnellement au sort de cette malheureuse contrée. Quand il sortit de ses fers, et qu'il fut rentré en France, il se hâta d'envoyer à Tunis deux prêtres, Louis Guérin et Jean Le Vacher. Les religieux qui s'occupaient de la rédemption des captifs y allaient parfois, mais ils ne pouvaient y séjourner. Les Lazaristes obtinrent cette faveur. Louis Guérin mourut bientôt, et son compagnon, après avoir travaillé pendant trente-trois ans à Tunis, même à Alger, fut mis à la bouche d'un canon, et eut le bonheur de mourir pour Jésus-Christ. Plus de vingt de leurs compagnons partagèrent leurs travaux, et eurent souvent le même sort. Ne fallait-il pas secourir les chrétiens faits captifs sur la mer, aux portes de l'Europe, traînés en Afrique, vendus sur les marchés comme de vils animaux et réduits au plus cruel esclavage ? « L'esclavage est si fertile en maux ; écrivait à saint Vincent, Jean Le Vacher, que la fin des uns est le commencement des autres. Entre les esclaves de ce lieu, outre ceux des bagnes, j'en ai trouvé quarante enfermés dans une étable, si petite et si étroite, qu'à peine pouvaient-ils s'y remuer... Tous sont enchaînés deux à deux...

néanmoins ils travaillent à moudre du blé... Quelque peu de temps après que j'y fus entré pour les visiter, comme je les embrassai dans ce pitoyable état, j'entendis des cris confus de femmes et d'enfants, entremêlés de gémissements et de pleurs; j'appris que c'étaient cinq pauvres jeunes femmes chrétiennes, esclaves, dont trois avaient chacune un petit enfant et qui étaient toutes dans une extrême nécessité. »

Le courage de nos missionnaires, leur parole, la vertu des sacrements qu'ils administraient, leurs aumônes, commencèrent à former une nouvelle Eglise d'Afrique.

Cependant les Pontifes romains, attentifs toujours à veiller sur le monde confié à leur garde, sollicitaient, des divers ordres religieux, des missionnaires pour le continent africain et les îles qui en dépendent. C'est ainsi que les Lazaristes, qui avaient été envoyés à Madagascar, continuaient d'évangéliser cette île, plus grande que la France, ainsi que les îles Bourbon et Maurice. Les Jésuites travaillaient en Ethiopie, et plus tard jusque sur les rives de Zambèse ; les Dominicains et les Capucins pénétraient jusque dans le centre même de l'Afrique, ainsi que le prouve une immense mappemonde, dressée par un fils de saint Dominique, laquelle se trouve à Lyon, dans une salle de la bibliothèque de la ville. Toutes les prétendues découvertes de nos voyageurs modernes y sont parfaitement indiquées; et la mappemonde date du XVIIe siècle.

L'Eglise d'Afrique recommençait donc à fleurir, lorsque les sectaires du XVIIIe siècle résolurent de s'attaquer, comme de vrais mahométans, au Christ et à son Eglise. Ils obtinrent de la plupart des gouvernements européens qu'ils entrassent dans leurs vues, et bientôt la persécution, qui devait finir par 93, commença. Les ministres de ces divers Etats : Choiseul en France ; Pombal en Portugal ; d'Aranda en Espagne ; Tannucci à Naples ; tous affiliés aux sectaires maçons, lancèrent des édits de proscription contre les ordres religieux, mais surtout contre les Jésuites, qui évangélisaient les possessions portugaises et espagnoles, jusque dans les régions les plus lointaines, sans parler de la France, dont ils étaient les Instituteurs. La malheureuse Eglise d'Afrique fut, une fois encore, comme anéantie, et l'esclavage, combattu par nos missionnaires, se prit à y refleurir comme par le passé.

Où en sommes-nous aujourd'hui? Nous terminons en répondant à cette question.

Dieu soit loué ! L'Eglise d'Afrique se relève de ses ruines, depuis un demi-siècle surtout. Ses apôtres, ses martyrs, ses amis du ciel prient pour elle. « Depuis quelques années, écrivait l'abbé Rohrbacher, vers 1855, l'Afrique même, semble vouloir sortir de son long sommeil de mort. Depuis que Dieu a ouvert le Nord aux Français, le Midi aux Anglais, on a vu s'élever à ces deux extrémités deux évêchés catholiques, celui d'Alger et celui du Cap de Bonne-Espérance. Le diocèse d'Alger, l'ancienne Icosium, comptait, en 1840, une population catholique de soixante-quatorze mille âmes, dont quatorze mille à Alger. Ce nombre n'a fait qu'augmenter depuis. Au mois de juin, l'évêque Dupuch avait déjà reçu cent trente abjurations de protestants, sans compter les musulmans et les juifs... les arabes du désert sont venus demander, à plusieurs reprises, un prêtre et des sœurs de charité, pour avoir soin de leurs âmes et de leurs corps. Près d'Alger, à Staouéli, où campa l'armée française, lorsquelle débarqua pour faire la conquête de l'Afrique, il y a un monastère considérable de Trappistes, qui apprennent aux arabes à cultiver la terre et à mériter le ciel. » (*Histoire univ.* Liv. LXXXXI.)

L'auteur cite alors les évêchés créés en Afrique, et les merveilles opérées en sa faveur, entr'autres la conversion d'un juif, fils de rabbin, le jeune Liberman, de Saverne, en Alsace. Elevé au sacerdoce comme par miracle, il s'unit au P. Levavasseur, de l'île Bourbon (en Afrique), pour fonder la Congrégation du Saint-Esprit et du Saint-Cœur de Marie, si florissante de nos jours, et dont le but est surtout d'évangéliser les Noirs de l'Afrique.

Pour résumer les progrès du catholicisme dans cette contrée, voici, mes Frères, un tableau succinct que nous plaçons sous vos yeux.

L'Afrique qui, au commencement de ce XIXe siècle, était plongée dans un sommeil de mort, et ne possédait que des catholiques dispersés, ça et là sur quelques-uns de ses rivages, compte aujourd'hui :

Dix-sept préfectures apostoliques ;
Vingt-un vicariats apostoliques ;
Douze évêchés, y compris les huit sièges épisco-

paux établis dans les possessions espagnoles et portugaises ;

Deux archevéchés.

L'Afrique septentrionale a . . .   497.030 cathol.
L'Afrique occidentale. . . . .   1.026.950 —
L'Afrique méridionale et orientale   39.000 —
Les iles de la mer des Indes . .   296.940 —
Les iles de l'océan Atlantique. .   796.000 —

En tout, 2.623.000. Ce chiffre, vu le passé, est admirable ; mais, en réalité, il devrait nous arracher des larmes, puisque la population totale de l'Afrique est estimée au chiffre de deux cent six millions.

A peine près de trois millions sur 206 millions ! De sorte qu'il y a dans ce vaste continent africain plus de deux cents millions de sauvages !

On me dira : il y a là beaucoup de musulmans... C'est vrai, le Musulman croit en un seul Dieu ; mais sa religion admet l'esclavage, en principe, et son peuple le pratique, dans quelle mesure, on le sait, pour l'homme, et surtout pour la femme.

Est-ce que, au lieu de se quereller, de faire de folles dépenses pour mettre sur pied des armées de plusieurs millions d'hommes, les nations européennes ne feraient pas mieux d'aller civiliser l'Afrique, en y jetant leurs hommes et leur or ?

Mgr le cardinal Lavigerie l'a dit, avec une grande vérité, les missionnaires peuvent arriver à la conquête morale de l'Afrique, peu à peu ; mais si l'on veut y parvenir sûrement et plus vite, il faut que les peuples chrétiens aillent fonder des établissements, au milieu de ces peuplades sauvages, qu'ils tiendront,

d'abord, en respect, et dont ensuite ils changeront
forcément les coutumes et les mœurs.

N'est-il pas triste, Messieurs, de nous entendre
parler, comme nous le faisons, de l'esclavage, et de
nous trouver nous-mêmes, si nous avons le courage
de nous bien juger, si peu libres? N'y a-t-il pas, en
effet, parmi nous, d'orgueil qui cherche à dominer et
à tyranniser? de volupté, qui multiplie ses esclaves à
l'infini? de cupidité, qui compte les siens par millions?
Les hommes, les femmes, esclaves de leur passions,
des plus ignobles passions quelquefois, sont-ils rares
en Europe, où l'on assassine, où l'on se tue, où l'on
se déshonore, où l'on s'avilit moralement, soi, sa famille et son pays, pour contenter une vaine ambition,
assouvir ses appétits honteux, servir sa cruelle et
inextinguible avarice? Oui, allons combattre l'esclavage sur la terre africaine, pour fuir l'esclavage de la
trop grande industrie, qui dévore l'ouvrier européen,
dont elle fait une machine, quand de la machine elle
ne fait pas un ouvrier. Allons! partons pour ces contrées dont le père Claver a baptisé les enfants; que
les jésuites ont évangélisées et évangélisent toujours avec ardeur; que le père Libermaan a aimées,
et auxquelles il a donné des phalanges d'apôtres et
de martyrs infatigables; que Mgr Marion de Brésillac,
fondateur des missions africaines de Lyon, aujour-
d'hui si actives et si prospères, a aimées, lui aussi,
jusqu'à leur donner sa vie; que les Oblats de Marie,
les Religieux Trinitaires, les fils de saint François, de
saint Dominique, de saint Vincent de Paul continuent
d'évangéliser, ainsi que ses filles, avec une foule

d'autres congrégations religieuses; ces contrées, que les Espagnols, les Italiens, les Portugais, les Anglais, les Allemands, les Autrichiens, et divers peuples encore, instruisent aussi; que les Pères blancs, guidés par leur admirable chef, le cardinal-archevêque d'Alger, sillonnent en tous sens, au péril de leur vie; ces contrées, que notre auguste Pontife, enfin, dont le regard embrasse l'Orient et l'Occident, le Nord et le Midi, la terre tout entière, veut arracher à leur séculaire et affreux esclavage.

Daigne le Seigneur, en récompense de ce que S. S. Léon XIII, notre bien-aimé Père fait pour assurer la liberté aux esclaves africains, lui rendre celle qui lui a été ravie!

Cette prière, ô mon Dieu, est un cri, qui sort ardent de toutes ces poitrines et du cœur catholique de tout mon diocèse. Bénissez-le; bénissez la France, et faites cesser les amertumes de notre Pontife! Brisez les chaînes qui lient Pierre, afin que l'Eglise, libre dans son chef, redevienne libre dans ses membres, libre dans sa mission divine, libre de toutes les entraves qui arrêtent sa marche à travers l'humanité, qu'elle est chargée de conduire au ciel.

GRENOBLE, IMPRIMERIE BARATIER ET DARDELET

103

www.ingramcontent.com/pod-product-compliance
Lightning Source LLC
Chambersburg PA
CBHW051730050726
47598CB00003B/1120